AMÉDÉE LALLIER

J'accomplis un devoir bien doux à mon cœur en consacrant ces quelques lignes à la mémoire de l'excellent jeune homme qu'une cruelle maladie vient d'enlever en peu de jours à l'affection de ses parents et de ses nombreux amis.

La modestie de notre saint ami m'a d'abord fait hésiter. Me pardonnerait-il d'entreprendre son éloge, lui si humble, que la moindre louange embarrassait, et qui avec tant de qualités éminentes était le seul à ne pas s'en apercevoir? D'autre part, le souvenir des saints est un souvenir précieux ; recueillir les principaux traits de leur vie, c'est contribuer à l'édification de plusieurs ; faire connaître la source de cette vertu toujours douce et aimable, c'est faire aimer la piété chrétienne et travailler à la gloire de Dieu. Ces dernières considérations ont mis fin à mes hésitations, et j'ai suivi l'attrait de mon cœur.

Amédée Lallier naquit à Lille le 18 mai 1843, d'une famille honorable, où la religion et la noblesse des sentiments sont en quelque sorte héréditaires. Sa première éducation, l'éducation maternelle qui laisse dans l'âme une impression profonde et durable, fut parfaitement chrétienne. Sa pieuse mère lui avait inspiré de bonne heure l'amour de Dieu, la crainte du péché, le goût de la piété. L'âme simple, droite et comme naturellement chrétienne du jeune enfant s'épanouissait avec bonheur à ces premiers rayons de la grâce. Il devint, au sein de sa famille, un ange de piété, un modèle de douceur, d'obéissance et de respect.

Vers l'âge de huit ans, le soin de son éducation fut confié aux prêtres qui dirigent à Lille l'Institution St-Joseph. Amédée se fit immédiatement remarquer de ses maîtres par les qualités de son esprit et de son cœur. Une intelligence ferme, une mémoire sûre, un jugement droit lui assurèrent bientôt un rang honorable dans sa classe. Habitué au travail dès sa plus tendre enfance, il le trouvait facile et s'y appliquait avec un zèle admirable. Nourri, au sein de sa famille, de pensées graves et sérieuses, il recherchait volontiers la société de ses maîtres, se plaisait dans leur conversation, les étonnait souvent par les questions qu'il leur adressait sur des sujets qui, d'ordinaire, intéressent peu la première enfance. Toujours Amédée recevait la parole de ses maîtres avec respect et soumission ; il acquérait par cette docilité parfaite un sens droit et une juste appréciation des choses.

Néanmoins il était enfant avec les enfants de son âge, et prenait avec plaisir une part animée aux jeux bruyants de ses condisciples ; la gaieté et l'amour modéré du jeu étaient même un des traits principaux de son caractère, qu'on retrouve jusque dans ses dernières années. Ce fut plus tard une véritable privation pour lui, lorsque, pour se préparer à l'Ecole polytechnique, il se trouva quelque temps dans un de ces colléges de Paris où malheureusement les récréations se bornent à l'isolement ou à des conversations regrettables. Mais il ne prenait de la récréation que ce qui est nécessaire pour reposer l'esprit et le corps, et il grandissait dans cette pensée qu'il n'y a de vie véritablement digne qu'une vie occupée à laquelle préside le sentiment du devoir.

Amédée n'était pas seulement un élève studieux ; c'était encore un écolier vertueux, soumis à ses supérieurs, charitable envers ses condisciples, et, par-dessus tout, manifestant en toute occasion des dispositions à la piété qui présageaient ce qu'il devait être plus tard. Il était doux, aimable, modeste, exact observateur de la règle ; il remplissait tous ses devoirs avec une telle perfection qu'à cet âge où la légèreté est si naturelle et les manquements si fréquents, on n'eut jamais besoin de lui adresser, je ne dirai pas une réprimande, mais même la plus légère observation. Comme son divin modèle Jésus enfant, il croissait en sagesse et en grâce devant Dieu et devant les hommes à mesure qu'il croissait en âge.

Chaque année, de brillants succès venaient récompenser ses efforts et réjouir le cœur de ses parents. Lui, toujours modeste, s'étonnait de ces succès, et ne manquait jamais de relever à cette occasion le mérite de ses condisciples.

A l'âge de onze ans et demi, Amédée fut admis à se préparer à la première communion. On dit avec raison que cette action est une des plus grandes actions de la vie; l'impression que cet événement produit dans l'âme droite et pure d'un enfant pieux est toujours profonde. Rien au monde ne fait rentrer un enfant dans son propre cœur comme la pensée de préparer au dedans de lui-même une demeure au Dieu de l'Eucharistie; rien n'éveille sa conscience au même degré, rien ne lui fait estimer et aimer la pureté, l'innocence du cœur, l'accomplissement de tous ses devoirs, comme une première communion bien faite. Cette grande action fut pour Amédée ce qu'elle devait être chez un tel enfant. Il s'y était préparé par la prière, par des lectures édifiantes, par la pratique de toutes les vertus de son âge, et avait fait entrer la pensée de sa première communion dans toute sa conduite. Les fruits qu'il en retira furent abondants. Sa ferveur devint plus grande, sa charité plus douce, son caractère plus aimable, sa régularité plus parfaite, son amour pour ses parents plus généreux; en un mot, sa vie devint encore plus chrétienne. Nous avons sous les yeux une prière qu'il composa lui-même à cette époque pour son usage personnel, et qui nous révèle l'élévation de sa pensée, la générosité de son cœur, les nobles aspirations de son âme :

« Mon Dieu, écrivait-il, faites que les âmes des fidèles trépassés reposent en paix et soient nos protectrices dans le ciel! (il cite les noms des défunts pour lesquels il avait particulièrement l'habitude de prier.) Mon Dieu! faites que je me porte bien et que je réussisse dans tout ce que je ferai qui ne sera pas mal, mais surtout que je sois très sage et très bon chrétien, ainsi que tout le monde, et en particulier tous mes parents... »

Un peu plus loin, il priait pour un ami de sa famille, malade en ce moment, pour la France, pour l'Empereur, pour l'Impératrice, pour le Prince impérial : « Que cet enfant se porte bien, qu'il réussisse dans tout ce qu'il fera de bien ; qu'il soit un grand homme, et surtout qu'il soit très sage et très bon chrétien. Exaucez-moi ! exaucez ma prière ! Ainsi soit-il. »

Cette prière, trouvée dans ses papiers et portant la date de 1856, est vraiment un modèle de simplicité touchante, de confiance toute filiale, de charité tendre et chrétienne. Elle fait comprendre cette parole du Psalmiste : « la prière parfaite est celle que vous mettez, ô mon Dieu, sur les lèvres des enfants » *ex ore infantium... perfecisti laudem.*

La première communion ne fut point pour notre Amédée un moment de ferveur passagère suivie bientôt d'une vie tiède et négligente, comme on le voit quelquefois chez des enfants trop légers et répandus hors d'eux-mêmes. Il savait se conserver au fond du cœur une retraite profonde, où il s'entretenait volontiers avec son Dieu et où la piété se conservait comme une étincelle sacrée ; il aima à s'approcher de la sainte Table et il le fit toute sa vie avec une facilité d'esprit et de cœur que les difficultés extérieures ne découragèrent jamais ; comme Saint-Louis de Gonzague pour lequel il eut toujours une dévotion particulière, il aimait à partager son temps en deux parties, l'une pour remercier Notre-Seigneur de la communion précédente, l'autre pour se préparer à la communion suivante. Et on le vit dès lors adopter comme une des règles de sa vie la pratique quotidienne de la visite au Très Saint Sacrement.

Peu de temps après sa première communion, Amédée demanda et obtint la faveur d'être admis dans la Congrégation de la Sainte-Vierge établie dans la chapelle du collège Saint-Joseph, pour entretenir parmi les jeunes gens l'estime et l'amour de la piété et pour contribuer par l'heureuse influence de l'exemple à maintenir parmi les élèves l'amour de Dieu, la fidélité au règlement, la pratique de la charité, en un mot, le bon esprit d'une maison d'éducation. Il fut bientôt un des membres les plus fervents de cette pieuse Congrégation ; c'était pour lui un bonheur d'en observer toutes les pratiques, de communier aux fêtes de la Sainte-Vierge, de payer chaque jour par la récitation d'une partie de son chapelet un tribut d'hommages à celle qu'il appelait sa mère, et surtout de pratiquer toutes les vertus que lui imposait le titre d'enfant de Marie.

Aussi tout le monde l'aimait. On trouvait en lui, comme l'écrivait sous l'impression douloureuse de sa mort un ami de sa famille qui avait su apprécier les trésors de son cœur, « une âme pleine « de droiture, de charité et de dévouement ; il aspirait à la per- « fection morale lorsque tant d'autres n'aspirent qu'au plaisir « grossier.... il n'avait de la jeunesse que ses meilleurs instincts, « ses pensées les plus généreuses, son dévouement à ce qui est « vrai, grand et bon.... Ce jeune homme inspirait le respect au- « tant que l'attachement à tous ceux qui l'ont connu, qui ont eu « le temps de lire dans cette âme exquise, à tous ceux qui, « comme nous, présageaient quels fruits de bonté et de « dévouement devrait produire la saison qui succèderait à un « printemps si plein de promesses. »

Une vertu si éminente, une piété si tendre, une foi si vive faisaient penser à plusieurs que Dieu l'appelait à son service, et voulait employer au salut des âmes les dons naturels et surnaturels dont il l'avait orné. Amédée possédait, en effet, toutes les qualités que réclame le sublime et redoutable ministère des âmes, et il aurait pu devenir dans la milice sainte un des plus vaillants défenseurs de l'Eglise. Jamais cependant il ne parut s'arrêter à cette pensée ; il était pieux par l'attrait d'une belle âme qui a entrevu dans la prière le charme des perfections divines, et qui a su y attacher son cœur ; il était avec l'intention de faire servir sa piété à la gloire de Dieu et au salut des autres. Mais il ne parut jamais avoir d'autre pensée que celle de servir Dieu dans le monde, et d'unir plus tard les efforts de son zèle à ceux de tant d'autres jeunes gens, animés du même esprit et appréciant comme lui les devoirs et l'honneur de l'apostolat laïque. Amédée suivait tranquillement le cours de ses études sans avoir d'autres vues que celles de ses parents. Il travaillait dans la pensée de se faire un jour dans la société une position en rapport avec les goûts élevés de son esprit et les traditions de sa famille, sans se rendre compte à lui-même du parti auquel il devrait plus particulièrement s'arrêter. Il n'avait point de goût prononcé, et ne paraissait point avoir d'autre vocation que celle de l'obéissance. Une aptitude également remarquable pour les lettres et pour les sciences tenait en suspens la volonté de ses parents, et lui, toujours docile, ne cherchait que la volonté de Dieu, se manifestant à lui par le moyen de l'autorité paternelle. Ce fut par un mouvement de cette soumission parfaite qu'il consentit à interrompre le cours régulier de ses études et à se préparer plus rapidement aux épreuves du double baccalauréat, afin de consacrer plus spécialement à la préparation des examens d'admission à l'Ecole polytechnique le temps qui lui restait à parcourir avant d'atteindre la limite d'âge fixée par les règlements ministériels. Les succès les plus brillants couronnèrent ces diverses épreuves, et confirmèrent ses parents dans leurs projets.

Alors Amédée se sépara des maîtres qui avaient veillé sur sa première jeunesse, qui avaient eu le bonheur de cultiver sa belle âme pendant l'espace de dix années. Il s'en alla à Paris suivre des cours spéciaux. Ce n'était plus, pour notre jeune homme si simple et si pur, la vie tranquille et saine de la famille; ce n'était plus ce collége où la piété est en honneur, où elle est rendue facile par l'exemple et par le bon esprit qui anime la plupart des élèves, presque tous enfants des familles les plus pieuses de Lille ; c'était Paris, si funeste à la vertu de tant de jeunes gens venus de tous les points de la France avec la légèreté et l'inexpérience de leur âge, Paris avec ses dangers, ses séductions, son atmosphère enivrante, gouffre immense où viennent trop souvent s'engloutir la vertu, le talent, la jeunesse, la fortune, la joie et l'espérance des familles; autour de lui et parmi ses nouveaux condisciples, un souffle d'incrédulité dédaigneuse s'attaquant à tout ce qui jusque-là avait été l'objet des affections les plus tendres de son cœur. Ah ! nous savons ce qu'eut à souffrir l'âme candide d'Amédée, dans ce milieu si différent de celui qu'il avait connu; nous avons entendu de sa bouche avec l'accent d'une sainte tristesse les souffrances morales qu'il eut à subir dans une société où il ne rencontrait ni sympathie pour sa foi, ni respect pour la vertu ; nous avons admiré toute l'énergie de ses convictions religieuses qu'il soutenait par des lectures choisies, toute la sainteté de son âme, la noble susceptibilité de son cœur qui aimait Dieu d'un amour filial et se soulevait d'une religieuse indignation lorsqu'il entendait les blasphèmes de l'ignorance et du vice. Je m'arrête et ne veux point soulever le voile que sa charité toujours indulgente et discrète a jeté elle-même sur cette courte période de son existence; qu'il me suffise de rappeler un trait qui prouvera mieux que toutes mes paroles la sainte délicatesse de cette âme.

C'était peu de temps après son arrivée à Paris. Amédée, fidèle à la pratique de la communion fréquente, allait tous les quinze jours dans une chapelle voisine du collége où il était interne, fortifier son âme au banquet eucharistique contre les dangers de tous les jours et contre les dangers plus séduisants encore d'une journée de sortie au milieu de la capitale. Il lui suffisait de ne pas prendre son déjeûner avec ses condisciples, et il s'en allait, vers neuf heures, s'acquitter de ces devoirs de piété. Cette pratique si belle, si édifiante, ne lui paraissait pas cependant suffisante ; il se demandait s'il n'y avait pas dans sa conduite de la faiblesse et du respect humain. Pourquoi, en effet, ne communierait-il pas quelquefois au collége, en face de ses condisciples?... Sans doute il provoquerait les railleries et les sarcasmes moqueurs d'un grand nombre.... Dans cette perplexité, il écrit à un de ses anciens maîtres, pour lui exposer sa situation et demander son avis. On lui conseille de continuer à communier hors du collége, sauf aux grandes fêtes de l'Eglise où il pourrait essayer de le faire en présence de ses condisciples. Il suivit ce conseil, et nous avons su qu'en s'approchant de la sainte table le jour de Noël, il eut la consolation de se voir accompagné de quelques-uns, encouragés sans doute par sa parole et par son exemple.

C'est ainsi que sa vertu, loin de se laisser ébranler par les tentations et les funestes influences, en sortait au contraire plus brillante et plus forte.

Admis à l'Ecole polytechnique à la suite des examens du mois d'août 1863, il se livra à l'étude avec un zèle que soutenaient la piété filiale et l'espoir de sortir de l'école dans un rang honorable. Là, comme partout, Amédée sut se faire aimer par la douceur de son caractère, l'aménité de ses manières et la noble franchise de sa conversation. « Il y avait dans toute sa personne, disait quelques jours après sa mort un de ses anciens condisciples de l'Ecole, une dignité morale qui lui conciliait l'estime universelle et en faisait un des élèves les plus remarquables. »

Amédée rencontrait encore à l'Ecole polytechnique des jeunes gens qui ne partageaient ni sa piété ni sa foi, mais ceux-là mêmes avaient pour sa vertu le respect que des esprits élevés savent généralement garder pour les croyances religieuses. Il trouvait à l'Ecole une liberté relative, rendue plus grande encore par la présence d'un nombre considérable de jeunes gens élevés comme lui par des mains sacerdotales; il y forma des liaisons honorables, et prit avec un certain nombre de ses condisciples une part active aux œuvres de zèle religieux et de charité chrétienne organisées à Paris pour l'édification de la jeunesse, pratiquant ainsi cette recommandation d'un grand orateur, qu'il faut mettre sa chasteté sous la garde de la charité.

Amédée s'occupait volontiers des pauvres ; la visite de quelques familles était une de ses récréations du dimanche à Paris. Il disait souvent à ses amis qu'il est bon de fortifier son âme contre les dangers de la fortune par le spectacle des misères humaines. Ces saintes récréations étaient, du reste, un attrait de son âme et une des plus anciennes habitudes de sa vie. Il avait ses pauvres à Lille, pour le temps de ses vacances. Les domestiques de sa famille connaissaient, entre autres, celui qu'ils appelaient le pauvre de M. Amédée, et qui recevait de lui les secours nécessaires au soutien de sa famille. Ils l'ont vu verser des larmes de tristesse et de reconnaissance, lorsque, venu comme d'ordinaire pour recevoir la rente de la charité, il apprit la mort de son jeune protecteur. Amédée l'avait rencontré sur son chemin un jour qu'il se rendait au collége, vers l'âge de douze ans ; il avait été touché de sa misère, et jamais depuis cette époque il n'avait cessé de lui venir en aide, en prélevant la part de Jésus-Christ en sa faveur sur ses menus plaisirs.

Cette première année passée à l'Ecole polytechnique avait contribué à mûrir le caractère d'Amédée, à exercer sa vertu encore timide et inexpérimentée; il devenait chrétien plus ferme et plus inébranlable à mesure qu'il avançait dans la vie et qu'il approchait du terme de ses études. Un trait qui nous a été raconté dernièrement, nous fait voir jusqu'à quel point il tenait à se montrer partout enfant soumis de l'Eglise catholique.

Madame Lallier, se trouvant pendant le Carême à Paris, profita de la sortie accordée chaque mercredi aux élèves de l'Ecole polytechnique, pour passer la soirée avec son fils. Vers six heures lorsqu'il était à peine depuis quelques instants avec sa mère,

Amédée lui demanda la permission d'aller commander un dîner maigre, prévoyant, disait-il, que cette précaution serait nécessaire. — N'es-tu pas dispensé en qualité d'élève de l'Ecole polytechnique? lui demanda sa mère. — Oui, répondit-il, quand je suis à l'Ecole; mais, les jours de sortie, il m'est facile d'attendre un peu plus longtemps, et de prendre comme je le veux mon dîner en ville. Madame Lallier fut touchée de cette délicatesse de conscience, et, sans ajouter un mot, elle admira dans le silence de son cœur les sentiments élevés de ce jeune homme qui savait ainsi une fois chaque semaine se contenter du frugal déjeûner de l'Ecole, et attendre l'heure de la sortie sans prendre le repas de midi avec ses condisciples, pour avoir la consolation d'observer les lois de l'Eglise.

Les vacances de l'année 1864 procurèrent quelques mois agréables au cœur d'Amédée ; il alla passer ce moment de repos et de distraction avec sa famille à Arcachon, sur les bords de l'Océan. Ce séjour lui procurait la société d'une sœur qu'il avait toujours tendrement aimée, et dont il était séparé depuis qu'une honorable alliance était venue l'éloigner de sa ville natale. Ils se retrouvaient heureux et contents dans la société de leurs parents, et se rappelaient en même temps les charmants souvenirs des vingt premières années de leur vie passées ensemble dans les joies de la famille. La gaieté, le repos, l'air vivifiant de la mer paraissaient avoir rétabli la santé d'Amédée ébranlée par un travail persévérant, et il se croyait en mesure, lorsque vint l'époque de la rentrée de l'Ecole, de reprendre la suite de ses études. Mais à peine rentré à Paris vers la mi-octobre il fut atteint presque subitement d'une maladie terrible qui mit ses jours en danger. Une fièvre typhoïde se déclara et inspira dès le début à sa famille les plus graves inquiétudes. On eut recours à la prière; de toutes parts les amis d'Amédée, ses anciens maîtres avec lesquels il avait toujours conservé des rapports si affectueux, les communautés religieuses intéressées à son état par sa pieuse mère, prièrent pour la conservation d'un jeune homme qui semblait pouvoir faire un jour tant de bien. Encouragés par cette considération, et soutenus dans ce moment d'épreuves par l'ancien directeur d'Amédée venu de Lille à la nouvelle de cette maladie, M. et Mme Lallier commencèrent une neuvaine à Notre-Dame-des-Victoires pour demander à Dieu par l'entremise de Marie la guérison de leur cher enfant.

Le malade y prit part en recevant avec foi et sans trouble les Sacrements de l'Église, bien qu'il ne fût pas encore à cette période de la maladie qui inspire des craintes immédiates. Il s'était confessé et avait communié par dévotion pendant le cours de ses vacances; il le faisait alors de la même manière, et on ne songeait pas à écarter de ses yeux la vue du prêtre comme un objet capable de faire naître dans son esprit de tristes inquiétudes. Au contraire, il sourit à son ancien maître, se confessa, communia, et trouva un calme que le médecin interpréta comme un signe favorable. Peu de jours après, l'espoir était revenu dans tous les cœurs et le malade entrait en convalescence.

Je redirais volontiers la joie et le bonheur de ses parents, si ma pensée n'était attristée par le malheur qui depuis est venu leur enlever cet enfant devenu plus cher, s'il était possible, par les inquiétudes qu'il leur avait inspirées. Son père le regardait avec une douce complaisance, comme un don nouveau de la divine Providence ; sa mère surveillait cette convalescence avec une tendresse attentive et prévoyante; elle ne le quittait plus ; elle voulait tout voir et tout faire par elle-même, afin d'écarter les moindres dangers. De jour en jour elle respirait plus heureuse, en voyant la force et la santé rendues à son enfant. Amédée, comprenant tout ce qu'il devait à Dieu pour ce nouveau bienfait, ne cessait de lui en témoigner sa reconnaissance par une fidélité touchante aux pratiques de piété dont il s'était fait un devoir. Cédant au désir de ses parents, et reconnaissant d'ailleurs l'impossibilité de continuer avec ses condisciples le cours de seconde année à l'École polytechnique, il s'était fait inscrire au nombre des élèves en droit à la Faculté de Paris, avant de quitter la capitale pour achever sa convalescence dans sa ville natale.

Le temps qui s'écoula depuis le retour d'Amédée à Lille jusqu'au moment où il dut retourner à Paris pour préparer ses premiers examens de droit, fut un temps de bonheur pour ce jeune homme qui avait toujours tant aimé ses parents, sa maison, ses amis d'enfance, sa ville natale. Il se retrouvait dans toutes les habitudes de sa première enfance; il apportait au foyer paternel une gaieté douce et toujours aimable; ses conversations avec sa mère avaient toute la simplicité du premier âge; il s'entretenait avec son père des études qu'il devait bientôt commencer; il revoyait fréquemment ses anciens maîtres avec lesquels il aimait à traiter les questions les plus hautes de la littérature, de la philosophie, et surtout les questions religieuses agitées à cette époque. Dieu, après avoir rendu plus vifs par cette terrible maladie les sentiments affectueux qu'on éprouvait pour lui, semblait l'avoir placé auprès de ses parents et de ses amis pour leur faire mieux apprécier les trésors de son cœur et pour imprimer dans les âmes un souvenir plus impérissable de ses éminentes qualités.

La vertu d'Amédée ne fut jamais une vertu sauvage et triste. Il était aimable et d'une conversation toujours agréable. Religieux par le fond même de son âme, il ne craignait pas d'exposer devant les autres les principes de sa conduite; il n'était point du nombre de ceux qui, sous prétexte de respecter la liberté des hommes sans religion, se privent de la liberté de se montrer eux-mêmes religieux. Simple, droit, craignant Dieu, il confessait sa foi dans toutes les circonstances qui semblaient lui en faire un devoir. Non-seulement il ne lui arrivait point de manquer aux lois de l'Eglise par une complaisance coupable, il ne se dispensait même jamais de faire au commencement de ses repas ce signe de croix qui coûte tant à la mollesse contemporaine dans certaines circonstances difficiles, et qui cependant imprime un caractère de dignité au front du jeune homme. Amédée était chrétien partout. Cependant il ne voulait être à charge à personne; il ne paraissait point savoir qu'il y eût près de lui des hommes qui ne partageassent pas avec lui le bonheur de croire et de pratiquer la religion; s'il s'en apercevait, il ne paraissait point s'en occuper; il ne censurait personne et ne cherchait à exercer d'autre influence que celle de l'exemple et de la charité. Aussi, on lui savait gré de son esprit de condescendance; on subissait à son insu l'ascendant de sa vertu; par respect pour la droiture de son cœur et l'énergique simplicité de sa foi, on voulait se montrer religieux devant lui.

Sérieux par les habitudes de son esprit, Amédée savait se prêter aux exigences de la société. Aimable, enjoué, plein d'aménité et de douceur, on le recherchait volontiers, et lui-même semblait prendre plaisir aux délassements innocents; il savait rendre sa maison agréable à ses nombreux amis. Néanmoins, il pratiquait cette recommandation de l'apôtre saint Paul: « Usez du monde comme si vous n'en usiez pas. » Il s'est montré avec sa famille dans les sociétés du monde, mais il ne touchait le monde que d'une aile légère, sans perdre jamais la liberté d'esprit et de cœur, parce que la piété était en lui plus qu'un accident: elle était le tout de son âme, le tout de sa vie. Elle animait ses pensées, ses affections, ses projets, son travail, ses plaisirs; et son cœur toujours uni à Dieu se réservait tout entier, soit pour les études sérieuses, qu'il reprenait immédiatement après et qu'il continuait avec une étonnante persévérance, soit pour les pratiques de piété, qu'il ne négligeait jamais. C'est ainsi qu'il passa les quelques mois qui s'écoulèrent depuis le rétablissement de sa santé jusqu'à l'époque de la préparation immédiate à ses examens de droit. La religion, l'étude, la piété filiale et quelques relations de société en avaient rempli tous les instants.

Le court séjour qu'il fit à Paris vers la fin de l'année scolaire, ne fut marqué par aucun incident particulier ; il subit son premier examen de droit avec succès, bien qu'il se fût trouvé dans l'impossibilité de le préparer selon ses désirs. Mais, sans vouloir s'attribuer un mérite particulier de ce succès, il l'expliquait comme toujours par un concours heureux de circonstances.

Un fait de peu d'importance, mais qui nous révèle toute la droiture et toute la simplicité de son âme, se rattache à ce dernier séjour d'Amédée à Paris. Il se rencontrait souvent avec quelques amis dignes de lui par leurs habitudes et leurs sentiments chrétiens, et aimait à engager avec eux la conversation sur des questions élevées, dans l'unique but de s'instruire et de connaître la vérité. Un jour, ils avaient traité un sujet d'économie politique ; la discussion avait été longue et animée, sans jamais sortir des limites de la charité ; on s'était séparé sans s'entendre, chacun conservant son opinion. Le lendemain, à la première heure, on frappe à la porte du jeune étudiant qui avait la veille combattu l'opinion d'Amédée. Quelle ne fut pas la surprise de ce jeune homme, lorsqu'il reconnut la voix de son ami, et qu'il l'entendit lui dire avec simplicité : « J'ai réfléchi toute la nuit à notre discussion d'hier soir ; je reconnais aujourd'hui que j'étais dans l'erreur, et je suis venu te le dire ; tu m'as convaincu. »

Cette touchante modestie n'étonnait pas chez notre saint ami ; elle se manifestait partout et se reflétait dans toute sa personne. Il apportait dans toutes les discussions je ne sais que l mélange de fermeté et de souplesse, d'énergique conviction et de défiance de lui-même qui faisait de ses entretiens un modèle de discussion honnête et loyale. Il cherchait la vérité avec une pieuse curiosité, interrogeait volontiers ceux qu'il croyait capables de l'éclairer, et écoutait docilement leur avis. Il semblait avoir pris à tâche d'éviter les défauts que Pline-le-jeune reprochait à la jeunesse de son temps : *Adolescentes statim sapiunt; statim sciunt omnia, neminem verentur, neminem imitantur; sibi ipsi exempla sunt.* « Les jeunes gens veulent tout connaître, veulent tout savoir; ils ne respectent personne; ils n'imitent personne; ils sont eux-mêmes leur propre modèle. »

Aussi a-t-il laissé les meilleurs souvenirs chez tous ceux qui ont eu le bonheur de le connaître. Parents, anciens maîtres, amis, condisciples, tous se plaisent à lui rendre ce témoignage. Nous ne sommes que l'écho de toutes ces voix.

Les habitudes sérieuses d'Amédée, le travail des derniers mois de l'année scolaire lui faisaient un besoin du repos des vacances. Il accueillit avec plaisir le projet d'aller passer un mois à Ostende avec sa famille; il reverrait la plage qui lui rappelait les souvenirs de son enfance, et y rencontrerait des parents et des amis dont la société reposerait son esprit. N'ignorant pas cependant que ces villes où l'on cherche bien souvent le plaisir plutôt que la santé, offrent quelquefois des dangers à la vertu, et que le spectacle de tant de vanités qui s'y étalent complaisamment, peut diminuer dans le cœur du jeune homme l'esprit de foi et de piété, seul gardien de sa chasteté, il voulut s'armer de force et de prudence; il demanda à sa mère de s'unir à lui pour placer ces vacances sous la protection de la Sainte-Vierge, et communia à cet effet à Lille, le 5 août, jour de N.-D. aux Neiges, quelques jours avant son départ pour Ostende. C'était une de ses habitudes de réclamer le secours de Dieu par la sainte communion dans toutes les circonstances importantes de la vie, et Dieu voulait sans doute le tenir ainsi toujours prêt à entendre sa voix, lorsqu'il viendrait pour le rappeler à lui.

Amédée était depuis quinze jours à Ostende, lorsqu'il fut atteint de la cruelle maladie qui devait l'enlever à sa famille. Rien jusque-là n'avait fait pressentir une maladie; il paraissait jouir d'une santé parfaite, lorsque, le vendredi 25 août, après une promenade à cheval en compagnie de quelques amis, il ressentit un violent mal de tête. Bientôt un malaise général et une fatigue inaccoutumée le forcent à se mettre au lit; une fièvre éruptive semble se déclarer.

Rien cependant ne paraissait annoncer une maladie bien grave; le médecin considérait cette situation sans inquiétude, et n'hésitait pas à rassurer complètement M. Lallier, que ses fonctions rappelaient à Lille le dimanche soir. Hélas! moins de quarante heures après, effrayé par les progrès de la petite-vérole, ce même médecin avait perdu toute espérance de sauver le malade, et il faisait appeler en toute hâte, par le télégraphe, ce malheureux père, le médecin de la famille et le prêtre qu'une circonstance semblable avait conduit à Paris dix mois auparavant. Ils arrivèrent le plus promptement possible, et furent épouvantés des ravages de la maladie; les progrès avaient été effrayants. Plusieurs médecins appelés en consultation n'osaient pas encore ravir tout espoir au cœur de ces parents malheureux, et cependant ils ne voulaient point les entretenir dans une illusion trompeuse; M. et Mme Lallier sentaient que Dieu allait bientôt exiger d'eux un grand sacrifice.

Avant que le mal fît de nouveaux progrès, on pensa à administrer au malade les Sacrements de l'Église. On n'eut pas besoin, pour le prévenir, de ces délais, de ces précautions dont on a coutume d'user lorsqu'on veut engager un malade à mettre ordre à sa conscience; ménagements souvent bien cruels, puisqu'ils entretiennent dans l'impénitence finale un grand nombre de pécheurs qui se seraient peut-être tournés sincèrement vers Dieu, si un prêtre avait été admis à leur laisser entrevoir le danger où ils se trouvaient. C'est la première récompense de la fidélité à accomplir pendant la vie les devoirs religieux que la facilité avec laquelle on se prépare à les accomplir à la mort, comme le premier châtiment de la négligence est trop souvent la difficulté de s'occuper du salut de son âme à ses derniers moments.

Amédée reçut avec plaisir la visite du prêtre, son ami, venu près de lui pour l'aider en cette triste circonstance; il sembla dominer quelques instants la souffrance pour s'entretenir familièrement avec lui; il demanda à se confesser; et reçut ensuite le saint viatique avec les plus fervents sentiments de foi, d'amour de Dieu, de soumission à sa sainte volonté. Quand on lui administra le sacrement de l'Extrême-Onction, il offrit à Dieu le sacrifice de sa vie et des brillantes espérances d'avenir qui s'ouvraient devant lui, sans avoir cependant encore la connaissance parfaite de l'état désespéré où il se trouvait; il suivait avec une tendre dévotion les diverses prières de l'Eglise, se rendait compte du sens des paroles que le prêtre prononce en faisant des onctions sur les différentes parties du corps du malade, et marquait, par un de ces signes de croix graves et touchants qu'il faisait avec tant de piété, la part qu'il prenait aux cérémonies de l'Eglise, lorsque les prières du prêtre semblaient amener ce signe de notre foi. Après cette touchante cérémonie, il y eut comme un recueillement grave et solennel; sa poitrine haletante sembla se reposer; sa respiration pénible était tenue en suspens; un calme inaccoutumé maîtrisait tous ses sens; il était absorbé dans un profond sentiment de méditation et d'actions de grâces, auquel s'unissaient ses parents présents à cette cérémonie, son directeur et ami, les sœurs de charité qui partageaient avec sa mère les soins à lui donner.

La maladie faisait toujours de nouveaux progrès et les souffrances paraissaient s'augmenter; une fièvre brûlante le dévorait et, par moment, il laissait échapper comme un cri arraché par la difficulté de respirer. Jamais cependant il ne montra la plus légère impatience, le plus léger murmure ne sortit point de sa bouche. Mais il fortifiait son âme par la vue du crucifix et par des signes de croix accompagnés de cette courte prière: mon Dieu, ayez pitié de moi!

Vers dix heures du soir, il y eut une crise qui réunit près du chevet du malade le directeur d'Amédée avec Monsieur et Madame Lallier désormais sans espoir de conserver leur fils. L'agonie paraissait commencée; il était comme étranger à tout ce qui l'entourait. On récita à genoux au pied de ce lit de douleur les prières des agonisants; on se préparait au sacrifice de la séparation, sans espérer même pouvoir encore échanger avec lui un dernier adieu, lorsque tout-à-coup, sortant comme d'un profond sommeil, il ouvre les yeux et fixe ses regards sur ses parents en pleurs agenouillés auprès de lui. Il eut sans doute en ce moment la vue claire et distincte de sa triste situation; il voulait parler et sa voix manquait à son cœur. Enfin, reprenant son calme et élevant les yeux au ciel, il prit la main de son confesseur et lui dit avec un accent pénétrant: merci! merci! Il demanda ensuite à recevoir une dernière absolution à laquelle il se prépara par des actes de contrition et de soumission à la volonté de Dieu.

Sursum corda! élevez votre cœur vers Dieu, lui dit son confesseur, et il éleva de nouveau les yeux vers le ciel. *In manus tuas, Domine, commendo spiritum meum*, et, joignant les mains, le mourant essayait de répéter ces paroles: Mon Dieu, je remets mon âme entre vos mains. Il entendit encore cette autre parole: *in pace dormiam et requiescam*, je m'endormirai dans la paix du

Seigneur. Mais il retomba immédiatement dans ce sommeil agité d'où il ne paraissait être sorti quelques instants que pour ajouter à ses mérites le mérite plus grand encore du sacrifice complet de sa vie.

A partir de ce moment, il n'y eut plus avec lui aucun échange de paroles ; quelques signes venaient de temps en temps interrompre ce pénible sommeil, et toujours une pensée de foi présidait à ces mouvements. Je ne saurais mieux faire, au reste, que de reproduire ici une lettre écrite le lendemain de sa mort par la sœur de charité qui ne l'avait point quitté pendant cette dernière nuit.

« Ostende, 2 Septembre 1865.

» Madame,

» Voulant satisfaire à vos désirs et vous soulager un peu dans la si légitime douleur que vous éprouvez, je m'empresse de vous donner quelques détails sur les derniers instants de celui que vous pleurez.

» Vous n'ignorez pas, madame, ce qui s'est passé avant minuit ; vous avez eu la douce satisfaction de voir de quels sentiments de foi et de piété était animé votre cher enfant, combien il était heureux de recevoir l'absolution, avec quel accent de sincérité il implorait de la miséricorde divine le pardon de toutes ses fautes, avec quel transport d'amour il collait ses lèvres mourantes sur l'image de Celui qui a voulu mourir pour notre salut. Ah ! madame, s'il avait eu assez de forces pour parler, que de choses consolantes il vous eût dites ! Votre cher fils sentait sa position, mais il était calme et résigné à la volonté de son Dieu.

» Après minuit, il y a eu des alternatives de repos et d'agitation. Vers quatre heures, ses forces avaient diminué considérablement, mais il conservait toujours toute sa présence d'esprit.

Souvent le cher enfant élevait les mains vers le ciel, et disait cette belle prière : Mon Dieu, ayez pitié de moi ! Il m'avait priée de placer le crucifix sous son chevet : sa tête reposait ainsi sur l'image de Celui en qui reposait toute sa confiance. Peu de temps avant de mourir, il fait des efforts et semble chercher des yeux et des mains ; je lui demande s'il cherche le crucifix, il me fait grand signe que c'était bien là l'objet désiré ; je le lui remets dans les mains, il veut le porter à ses lèvres ; mais les forces lui manquent. Je l'assiste dans son pieux désir, et aussitôt qu'il sent l'image de son Dieu, il presse ses lèvres sur le crucifix avec un tel transport qu'il nous émeut jusqu'aux larmes. Il a conservé le crucifix dans les mains jusqu'à ce qu'il ait rendu son âme à Dieu.

« Vous avez donc, madame, bien des motifs de consolation. Certainement c'est une épreuve bien rude, mais vous pouvez vous rassurer : Votre fils n'est pas mort, il vit dans un monde meilleur, où vous irez le rejoindre et alors vous n'en serez plus jamais séparée.

« Courage, madame, et résignation : nous ne vous oublierons pas dans nos prières.

« VOTRE TRÈS-HUMBLE SERVANTE
« Sœur PHILIPPINE. »

La lecture de cette lettre si touchante et si simple fut une grande consolation pour le cœur de Madame Lallier. Cette mère désolée n'avait pas besoin cependant de ce témoignage pour apprécier les sentiments de foi qui animaient son enfant chéri. Elle avait souvent remercié le Seigneur des dispositions admirables qu'elle voyait en lui, et elle avait senti dans son âme à ce spectacle une force surhumaine pour accepter d'avance le sacrifice douloureux que l'adorable Providence exigeait de son amour. Souvent aussi, pendant les longues heures de cette triste nuit, elle s'était jetée à genoux auprès du lit de douleur sur lequel elle contemplait son fils, demandant à Dieu la force de se résigner à sa sainte volonté. Dans l'impossibilité d'adresser une dernière fois la parole à son enfant mourant, et ne trouvant plus en elle-même la force de formuler des prières vocales, elle pensait à la Sainte-Vierge debout au pied de la Croix, *Stabat Mater dolorosa*. Le souvenir des vertus de son fils revenait à sa mémoire et elle éprouvait au milieu de sa douleur une consolation profonde. C'était un saint que Dieu redemandait à la terre.

Amédée rendait le dernier soupir le jeudi 30 août à quatre heures et demie du matin. Nous récitâmes, aussitôt après, un *De profundis* pour le repos de son âme, avec la confiance que donne au chrétien la pensée de la miséricordieuse justice de Dieu. Une heure après, le prêtre qui avait assisté le mourant dans ses derniers moments, montait à l'autel pour offrir à ses intentions le saint sacrifice de la messe.

M. et Mme Lallier y assistaient, recueillis et accablés de douleur, unissant leur sacrifice à celui de la Croix. Madame Lallier, soutenue sans doute par la grâce que son fils lui avait déjà obtenue, avait trouvé la force de s'approcher du tribunal de pénitence et de la table sainte afin d'appliquer à l'âme de son cher défunt les fruits de la sainte Communion.

La nouvelle de cette mort se répandit rapidement dans la société lilloise qui se trouvait alors à Ostende, et produisit une profonde consternation. On connaissait ce jeune homme si accompli, on connaissait ses parents; ce fut comme une journée de deuil. A Lille, où cette triste nouvelle fut portée quelques heures après, on ne parlait que de ce triste évènement; de toutes parts, au regret qu'inspirait cette mort si imprévue venait se joindre comme un concert de louanges pour célébrer les qualités éminentes et surtout les vertus chrétiennes d'un jeune homme que toutes les mères pouvaient proposer pour modèle à leur fils.

Le nom d'Amédée Lallier prononcé dans un grand nombre de familles et dans la société de ses nombreux amis était vraiment l'application de cette parole de l'apôtre : *Christi bonus odor sumus*; nous sommes dans le monde le parfum sacré de Jésus-Christ.

Cette impression salutaire se manifesta surtout avec éclat le jour des funérailles; il serait difficile de décerner à la mémoire d'un jeune homme un éloge plus complet que celui qu'on entendait ce jour-là dans les rangs serrés de la foule sur le parcours du convoi funèbre. Dieu se plaisait à glorifier l'humble modestie de son fidèle serviteur, et avait voulu sans doute, en rendant cette mort si frappante par les diverses circonstances qui l'ont accompagnée, fixer l'attention des jeunes gens sur un modèle qui leur appartient en propre. L'exemple de la vertu est une semence de vertus.

Pour nous qui avons connu et aimé Amédée Lallier, nous garderons toujours le précieux souvenir de cette âme élevée et délicate avec laquelle nous avons eu le bonheur d'avoir été particulièrement en contact. Il y a dans le souvenir d'un jeune homme pur et généreux je ne sais quoi de suave, qui console les cœurs attristés trop souvent par le spectacle de l'égoïsme et de la licence. Nous comprenons mieux encore, en retraçant dans notre mémoire les traits principaux de cette existence si courte et néanmoins si remplie, toute la grandeur du sacrifice imposé à l'amour paternel et maternel. Heureux les parents qui savent rendre ce sacrifice méritoire pour l'éternité en disant avec Job : Dieu nous l'avait donné, Dieu nous l'a enlevé; que son saint nom soit béni ! La foi ne se plaint pas, lorsque Dieu nous enlève ceux qui faisaient ici-bas notre bonheur; elle le remercie plutôt de nous les avoir donnés.

Lille, imp. Lefebvre-Ducrocq, rue Esquermoise, 57.

www.ingramcontent.com/pod-product-compliance
Lightning Source LLC
Chambersburg PA
CBHW060919050426
42453CB00010B/1808